35個孩子一定要知道的防災守則

災難來了
我有準備！

山村武彥（日本防災系統研究所所長）監修

the rocket gold star 繪

單信瑜（國立陽明交通大學副教授）審訂　　**蘇懿禎** 譯

「防災」是什麼意思呢？

防災就是，當大自然發生突發性且破壞力較大的天然災害時，知道該怎麼保護自己。

2

例如： 大地震
發生的時候、

附近打雷的時候、

如果只覺得「好恐怖！」
是沒辦法保護自己的。

3

準ㄓㄨㄣˇ備ㄅㄟˋ守ㄕㄡˇ則ㄗㄜˊ

所ㄙㄨㄛˇ以ㄧˇ，先ㄒㄧㄢ來ㄌㄞˊ認ㄖㄣˋ識ㄕˋ
35個ㄍㄜˋ可ㄎㄜˇ以ㄧˇ保ㄅㄠˇ護ㄏㄨˋ自ㄗˋ己ㄐㄧˇ
的ㄉㄜ˙守ㄕㄡˇ則ㄗㄜˊ吧ㄅㄚ˙！

自ㄗˋ己ㄐㄧˇ的ㄉㄜ˙生ㄕㄥ命ㄇㄧㄥˋ自ㄗˋ己ㄐㄧˇ保ㄅㄠˇ護ㄏㄨˋ！

行ㄒㄧㄥˊ動ㄉㄨㄥˋ守ㄕㄡˇ則ㄗㄜˊ

現在就來告訴你一生受用的防災保護守則囉！

首ㄕㄡˇ先ㄒㄧㄢ是ㄕˋ

準ㄓㄨㄣˇ備ㄅㄟˋ

的ㄉㄜ 守ㄕㄡˇ則ㄗㄜˊ

心ㄒㄧㄣ理ㄌㄧˇ準ㄓㄨㄣˇ備ㄅㄟˋ

8～12頁

我們無法預測災害何時發生，
但只要事先做好準備就不用擔
心。 所以先來看看讓人安心的
準備守則吧！

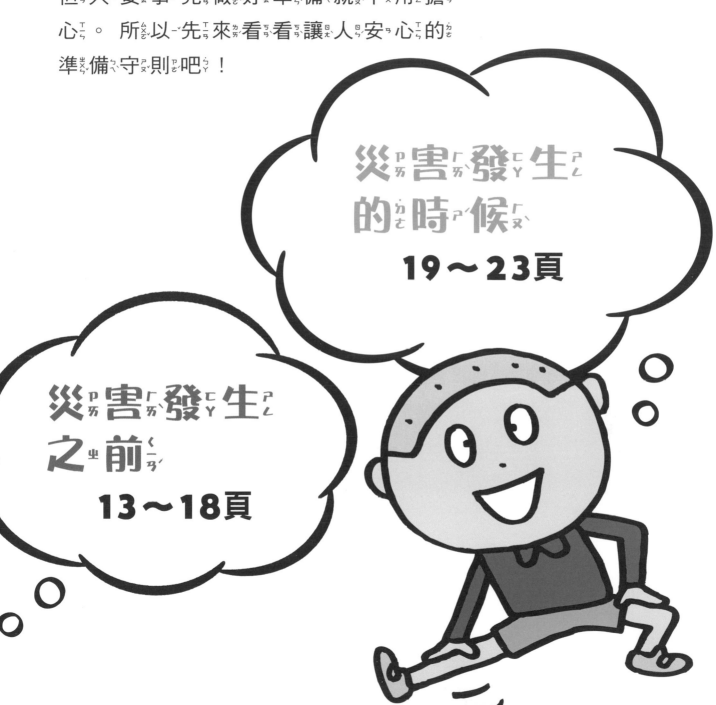

災害發生
的時候
19～23頁

災害發生
之前
13～18頁

做好明天就會發生致命災害的準備

你是不是覺得「災害不會發生在我身邊」呢？

為了保護自己，做好「災害可能明天就會發生」的準備是非常重要的。

千年一遇的災害

不管是多小的地震
都必須保持警戒

收到地震警報，或察覺有小搖晃發生時，
必須立刻做好保護自己的行動。

不立刻
聽信傳聞

災害發生時可能會出現
讓人不安的可怕消息

不管聽到什麼消息時，都要先保持冷靜，
再透過電視、廣播等確認訊息的真假。

常和附近的鄰居打招呼

當災害發生時，若是有人可以互相幫忙就會比較安心。所以別忘了每天都要主動的跟鄰居打招呼，維持良好關係。

和家人討論災害發生時該怎麼辦？

你有沒有和家人認真的一起討論過，當災害發生時該怎麼辦呢？
找個機會大家來討論一下吧。

在「緊急避難包」裡裝好
可以保護自己的東西

事先準備好「緊急避難包」，
這樣避難時只要帶著這個背包
就不用擔心。緊急避難包裡要
放什麼呢？P53有詳細的建議清
單唷！

災害來臨前先整理家裡

整理時把笨重的東西放在低處，固定好大型家具避免倒塌。平時就要把家裡整理好，一旦遇到災害才能避免受傷。

不要掉下來！

14

不要堵塞！

颱風或大雨來臨之前， 要把排水口打掃乾淨。
如果室外放了有可能被強風吹走的東西， 記得
移進家中， 或是用繩子固定。

不要讓東西飛走！

約定災後緊急集合地點

與家人事先討論並約定，發生災害時該去哪裡會合。即使那時只有自己單獨一人，只要確認四周安全的話，就可以前往事先約定的地點集合。

事ㄕ先ㄒㄢ查ㄔㄚ詢ㄒㄩㄣ
避ㄅㄧ難ㄋㄢ安ㄢ全ㄑㄩㄢ場ㄔㄤ所ㄙㄨㄛ

你ㄋㄧ知ㄓ道ㄉㄠ你ㄋㄧ常ㄔㄤ去ㄑㄩ的ㄉㄜ地ㄉㄧ方ㄈㄤ，附ㄈㄨ近ㄐㄧㄣ有ㄧㄡ哪ㄋㄚ些ㄒㄧㄝ避ㄅㄧ難ㄋㄢ場ㄔㄤ所ㄙㄨㄛ嗎ㄇㄚ？ 找ㄓㄠ出ㄔㄨ這ㄓㄜ些ㄒㄧㄝ避ㄅㄧ難ㄋㄢ場ㄔㄤ所ㄙㄨㄛ， 並ㄅㄧㄥ且ㄑㄧㄝ記ㄐㄧ下ㄒㄧㄚ來ㄌㄞ。

練習用電話或其它方式跟家人報平安

利用公共電話跟家人聯絡報平安。 如果無法接通的話， 可以請周遭的大人幫忙， 協助你上網通報。 記得和家裡的人一起練習報平安的方法。

「一切平安！」

告訴自己「冷靜」
仔細聽大人說什麼

當災害發生時，通常都會很驚慌。但是，這種時候更需要深呼吸，冷靜下來聽大人說什麼，該怎麼行動。

被困住時要發出聲音或光線呼救

被困在房間或是建築物裡的時候，如果一直喊叫會感到疲憊。可以使用防身警報器、哨子或任何可以敲打發出聲響的東西求救。

避難時盡量穿長袖長褲，並穿戴帽子

避難時很容易因為破損物品受傷，最好穿著能保護身體的衣物。更別忘了穿上鞋子，最好選擇平常穿的鞋子，這樣才能合腳又安心。

逃離時盡量
堅持不要放棄

避難時要盡量逃離不要放棄，更不要再回頭找人或拿東西！直到周圍的大人說安全之前，都要持續逃離。保住生命是最重要的！

22

在避難所時不要忘記攝取水分及活動身體

在避難所和其他人一起集體生活時，為了保持體力和健康，要隨時補充水分、活動身體。同時更別忘了，一定要遵守避難所的規定喔。

接下來是……

行動的守則

在家和學校的時候

在城市裡的時候

我們無法預測災害會在哪裡發生！
為了在不同地方保護自己生命，
一起來看行動守則吧。

在山區附近的時候
44～49頁

在水域附近的時候
38～43頁

大地震發生時，要立刻趴下找穩定掩護，並保護好頭部。

地震時若剛好在門邊或廚房，可以先把門打開並關火。避難時先就近躲在桌下，或蹲低身體、運用抱枕等物品保護頭部，快速移動到可躲開高處散落物的位置。除非房子的樑柱出現明顯的龜裂，才需要趕快逃到室外。

搖晃
搖晃

發生任何災害時
先確認資訊

透過電視、廣播，或上網查詢政府網站的公告。第一時間掌握發生災害的正確資訊，這樣才能知道，是否需要從所在地移動到避難所。

儲存維持生活所需要的水源

災害發生時，隨時有可能會停水。因此最好先儲備飲用水及其他生活用水。

颱風、龍捲風來臨之前，
先把窗戶和窗簾固定。

強風吹破玻璃的話很危險，所以先把防雨窗和窗簾緊閉。要是沒有防雨窗，可以從窗戶內部貼上膠帶避免強風吹打時，玻璃爆裂碎片飛散傷人。

火災時如需穿過濃煙處要用手帕掩住口鼻，蹲低逃離

火災現場疏散過程中，盡量避免穿越明顯的濃煙避難。非得穿越濃煙時，由於濃煙會往上飄，並在天花板聚集後往下沉降，縮小可呼吸空間。所以盡量把身體放低，小心不要吸入濃煙並且盡快逃離。

31

地震的時候，
要往寬敞的地方移動、

地震時建築物的外牆和吊掛物品，都可能因搖晃而散落，就連路上常見的販賣機也有可能傾倒。若人在戶外，務必保護好頭部，快速移到空曠的地方避難。

避難時使用
樓梯逃生

災害發生的時候，電梯
和手扶梯可能會停止運
轉。請利用樓梯冷靜的
慢慢離開吧。

34

災害發生時正在電梯裡的話，立刻按下全部樓層的按鈕

若是在搭乘電梯時察覺災害發生，立刻按下按鈕，從停止的樓層離開。如果被困在電梯裡，別忘了馬上按下對外聯絡的緊急通話按鈕。

緊急通話按鈕

強烈颱風甚至龍捲風來襲時要到堅固的建築物裡避難

強颱來襲時，通常會帶來強風豪雨，請避免出門，以防被強風吹落的招牌、物品或倒塌的行道樹砸傷。請盡量待在家中，等到風災過後再出門較安全。

打ㄉㄚˇ雷ㄌㄟˊ的ㄉㄜ時ㄕˊ候ㄏㄡˋ，
進ㄐㄧㄣˋ入ㄖㄨˋ建ㄐㄧㄢˋ築ㄓㄨˋ物ㄨˋ並ㄅㄧㄥˋ
遠ㄩㄢˇ離ㄌㄧˊ窗ㄔㄨㄤ戶ㄏㄨˋ

聽ㄊㄧㄥ到ㄉㄠˋ打ㄉㄚˇ雷ㄌㄟˊ時ㄕˊ，要ㄧㄠˋ盡ㄐㄧㄣˋ快ㄎㄨㄞˋ躲ㄉㄨㄛˇ進ㄐㄧㄣˋ建ㄐㄧㄢˋ築ㄓㄨˋ
物ㄨˋ裡ㄌㄧˇ面ㄇㄧㄢˋ。盡ㄐㄧㄣˋ量ㄌㄧㄤˋ遠ㄩㄢˇ離ㄌㄧˊ高ㄍㄠ聳ㄙㄨㄥˇ突ㄊㄨˊ起ㄑㄧˇ的ㄉㄜ
東ㄉㄨㄥ西ㄒㄧ，並ㄅㄧㄥˋ把ㄅㄚˇ電ㄉㄧㄢˋ器ㄑㄧˋ的ㄉㄜ插ㄔㄚ頭ㄊㄡˊ拔ㄅㄚˊ掉ㄉㄧㄠˋ。

37

地震或大雨時，
立刻遠離水域或
山區

38

海邊的大浪捲來或是山區的河水突然暴漲非常危險。就算看起來很堅固的山崖也有可能崩落，要盡速離開。

警報發布之後，
絕對不要接近海邊或河川

即使海面和河川看起來很平靜，還是
隱藏著危險。儘管你覺得沒關係，但
還是待在安全的地方吧。

被_{ㄅㄟˋ}水_{ㄕㄨㄟˇ}沖_{ㄔㄨㄥ}走_{ㄗㄡˇ}時_{ㄕˊ}，
要_{ㄧㄠˋ}抓_{ㄓㄨㄚ}住_{ㄓㄨˋ}不_{ㄅㄨˋ}會_{ㄏㄨㄟˋ}動_{ㄉㄨㄥˋ}的_{ㄉㄜ˙}東_{ㄉㄨㄥ}西_{ㄒㄧ}

萬_{ㄨㄢˋ}一_ㄧ不_{ㄅㄨˋ}小_{ㄒㄧㄠˇ}心_{ㄒㄧㄣ}受_{ㄕㄡˋ}困_{ㄎㄨㄣˋ}河_{ㄏㄜˊ}川_{ㄔㄨㄢ}中_{ㄓㄨㄥ}，要_{ㄧㄠˋ}緊_{ㄐㄧㄣˇ}緊_{ㄐㄧㄣˇ}抓_{ㄓㄨㄚ}住_{ㄓㄨˋ}大_{ㄉㄚˋ}石_{ㄕˊ}頭_{ㄊㄡˊ}或_{ㄏㄨㄛˋ}是_{ㄕˋ}樹_{ㄕㄨˋ}木_{ㄇㄨˋ}等_{ㄉㄥˇ}不_{ㄅㄨˋ}會_{ㄏㄨㄟˋ}動_{ㄉㄨㄥˋ}的_{ㄉㄜ˙}東_{ㄉㄨㄥ}西_{ㄒㄧ}，等_{ㄉㄥˇ}待_{ㄉㄞˋ}救_{ㄐㄧㄡˋ}援_{ㄩㄢˊ}。

要是沒有東西可以抓，
漂浮在水上等待救援

穿著鞋子，　看向天空，　放鬆身體，
把手腳張開，　就能漂浮在水面上。
要是有保特瓶或是書包，　則可以代
替游泳圈抱在胸口。

就算是流速很慢的淺溪也要小心

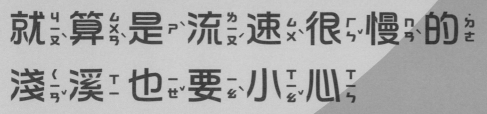

上游下大雨的話，河川的流速會突然變得湍急，水量也會增加，非常危險。戲水時一定要穿著救生衣，並務必記得待在大人身邊。

天氣不好時不要逞強，
趕快下山

在登山健行途中突然遇到下雨，
或是烏雲密布時就要趕緊下山。
因為山區的天氣變化很快，隨時
會有山崩或是雷擊的危險。

在山區遇到地震時，請緊抱樹幹蹲下

萬一在山區突然遇到地震，可以先抓住附近的大樹，並將身體放低。等搖晃停止一段時間後，再快速移動到平坦寬敞的地方。

遇ㄩ到ㄉㄠ土ㄊㄨ石ㄕ流ㄌㄧㄡ或ㄏㄨㄛ雪ㄒㄩㄝ崩ㄅㄥ往ㄨㄤ與ㄩ溪ㄒㄧ流ㄌㄧㄡ峽ㄒㄧㄚ谷ㄍㄨ垂ㄔㄨㄟ直ㄓ的ㄉㄜ方ㄈㄤ向ㄒㄧㄤ逃ㄊㄠ跑ㄆㄠ

當ㄉㄤ在ㄗㄞ山ㄕㄢ上ㄕㄤ遇ㄩ到ㄉㄠ因ㄧㄣ土ㄊㄨ石ㄕ變ㄅㄧㄢ鬆ㄙㄨㄥ軟ㄖㄨㄢ引ㄧㄣ起ㄑㄧ的ㄉㄜ土ㄊㄨ石ㄕ流ㄌㄧㄡ，或ㄏㄨㄛ雪ㄒㄩㄝ塊ㄎㄨㄞ崩ㄅㄥ落ㄌㄨㄛ流ㄌㄧㄡ動ㄉㄨㄥ造ㄗㄠ成ㄔㄥ的ㄉㄜ雪ㄒㄩㄝ崩ㄅㄥ時ㄕ，要ㄧㄠ往ㄨㄤ與ㄩ溪ㄒㄧ流ㄌㄧㄡ峽ㄒㄧㄚ谷ㄍㄨ垂ㄔㄨㄟ直ㄓ的ㄉㄜ橫ㄏㄥ向ㄒㄧㄤ逃ㄊㄠ跑ㄆㄠ較ㄐㄧㄠ為ㄨㄟ安ㄢ全ㄑㄩㄢ。

山壁上有泥水或小石頭流出時，就要準備避難

當你發現山壁上產生裂縫，或從中噴出泥水或小石頭時，就表示山壁有可能會崩塌。必須立刻離開，並通知附近的大人。

火山爆發時，
戴上安全帽及口罩

雖然我們比較不容易遇到火山災害，但萬一不幸真的遭遇到火山噴發，請記得此時常產生大量的火山灰。這些火山灰會傷害眼睛及喉嚨，因此盡量不要外出，保護好眼睛和喉嚨。

大富翁式 防災知識守則檢核表

確認每一條守則之後，在 □ 裡塗上顏色或是貼上貼紙。

起點

目標成為防災專家！

等級2 災害前專家

P18 練習用電話或其他方式跟家人報平安 □

P19 告訴自己「冷靜」仔細聽大人說什麼 □

P8 做好明天就會發生致命災害的準備 □

P17 事先查詢避難安全場所 □

P20 被困住時要發出聲音或光線呼救 □

P9 不管是多小的地震都必須保持警戒 □

P16 約定災後緊急集合地點 □

P21 避難時盡量穿長袖長褲，並穿戴帽子 □

P10 災害發生時可能會出現讓人不安的可怕消息 □

P14 災害來臨前先整理家裡 □

P22 逃離時盡量堅持不要放棄 □

P11 常和附近的鄰居打招呼 □

P13 在「緊急避難背包」裡裝好可以保護自己的東西 □

P23 在避難所時不要忘記攝取水分及活動身體 □

P12 和家人討論災害發生時該怎麼辦？ □

等級1 心理準備專家

等級3 災害時專家

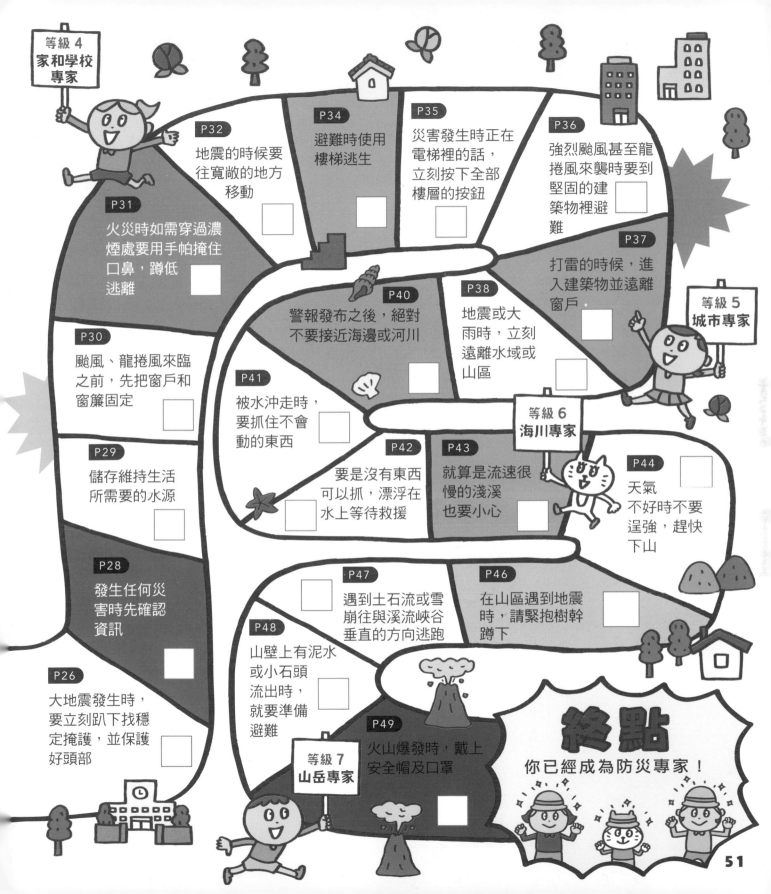

等級4
家和學校
專家

P32
地震的時候要往寬敞的地方移動

P34
避難時使用樓梯逃生

P35
災害發生時正在電梯裡的話，立刻按下全部樓層的按鈕

P36
強烈颱風甚至龍捲風來襲時要到堅固的建築物裡避難

P31
火災時如需穿過濃煙處要用手帕掩住口鼻，蹲低逃離

P37
打雷的時候，進入建築物並遠離窗戶

等級5
城市專家

P40
警報發布之後，絕對不要接近海邊或河川

P38
地震或大雨時，立刻遠離水域或山區

P30
颱風、龍捲風來臨之前，先把窗戶和窗簾固定

P41
被水沖走時，要抓住不會動的東西

等級6
海川專家

P29
儲存維持生活所需要的水源

P42
要是沒有東西可以抓，漂浮在水上等待救援

P43
就算是流速很慢的淺溪也要小心

P44
天氣不好時不要逞強，趕快下山

P28
發生任何災害時先確認資訊

P47
遇到土石流或雪崩往與溪流峽谷垂直的方向逃跑

P46
在山區遇到地震時，請緊抱樹幹蹲下

P48
山壁上有泥水或小石頭流出時，就要準備避難

P26
大地震發生時，要立刻趴下找穩定掩護，並保護好頭部

P49
火山爆發時，戴上安全帽及口罩

等級7
山岳專家

終點
你已經成為防災專家！

51

防災姿勢

以下是保護自己的生命的各種姿勢，
和家裡的大人或朋友一起練習吧。

地震、龍捲風

鼠婦捲

把身體放低，
保護頭部

火災

地上滾

要是衣服起火的話，
在地上滾動滅火

打雷

打雷蹲

蹲下，併攏雙腳，
腳根離地，
遮住耳朵。

海嘯

漂浮等

身體放鬆，把手腳張開，
漂浮在水面。

土石流

空氣口罩

被土石流或雪埋住的時候，
用手隔出可以呼吸的空間。

緊急避難包

下面是離開家裡避難時，必須準備的東西。
和家人一起打包吧。

手電筒

小型收音機
及耳機

攜帶式尿袋

毛巾、肥皂、
牙刷牙膏組

飲水、
緊急食品

藥品及藥單

手套

食品用保鮮膜

塑膠地墊
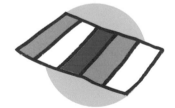

溼紙巾

口罩

暖暖包

貼身衣物

電話簿等筆記

健保卡等影本

其他還有食器、衛生餐具、開罐器、開瓶器、蓄水桶、體溫計、
消毒藥、眼罩、耳塞、充電器、塑膠袋、OK繃、鉛筆盒等。小朋
友也可以帶自己最喜歡的小玩具，讓自己安心喔！

監修者給家長的話
身為家長必須知道的事

近年來，發生災害的風險比以往更高。在日本，平均六年會發生一次造成100人以上犧牲的大地震[註]。另外，破紀錄的豪雨次數更是以往的兩倍，大規模的洪水、土石流、雷擊、龍捲風更是頻繁發生。原因推測為地球暖化造成導致風險更為增加。現在已經可說是「不論何時何地發生大災害的也不意外」的時代了。

正因如此，才需要更多人瞭解正確的知識。比如說「地震就是要躲到桌下」並非絕對安全。如果是耐震性低的建築物崩塌的話，桌子也會被壓垮。必須視情況採取相應的行動。

寶貴的生命不能誤信錯誤的防災知識或是單純仰賴他人守護。讓孩子學習正確的知識，並詢問身旁大人的意見，靠自己的判斷採取保護自己的行動是非常重要的。不能因為災害而死亡，也不能讓別人因災害而死亡。

本書基於世界上各種災害調查所習得的經驗，介紹各種「保護生命的實踐知識」。如果能在兒時就習得這些知識，就能在各種情況派上用場。我也誠心期盼大人和孩子一起學習這些防災守則。

日本防災系統研究所所長 **山村武彥**

註：在臺灣，規模6.0以上的地震每年平均發生3次。

大人守則 ❶

確認避難資訊

海嘯或大雨時，住家的市區鄰里會發布避難警報。確認避難行動的緊急程度、警戒等級的正確相關資訊，採取保護生命的適切行動。

警戒層級 1 ▶	警戒層級 2 ▶	警戒層級 3 ▶	警戒層級 4 ▶	警戒層級 5
●早期注意資訊	●確認避難行動	●年長者避難	●避難指示	●確保緊急安全
提升災害發生時的心理建設	事先準備綜合避難地圖及確認避難路線	兒童、年長者及身心障礙者等的避難。其他人進行避難準備，或是自主避難。	全員立刻遠離危險地，進行避難。	災害發生，立刻採取保護生命行動。
	※大雨、洪水、滿潮、氾濫警告等	※大雨、洪水、氾濫警告等	※土石流、滿潮、氾濫警告等	

事先確認
綜合避難地圖

綜合避難地圖是以地形、地貌，過去的災害記錄等資訊為基礎，標示災害可能發生區域、避難場所、避難路線等地圖。在當地政府或是網路上取得綜合避難地圖，和孩子一起確認從家中出發的避難路線。在雨天或晚上也要走一遍，查看是否有危險的地方。

利用內政部消防署的
防災網站或APP報平安

內政部消防署已推出「全民防災e點通」的網站及「消防防災e點通」APP，方便民眾在災難時留言報平安並協尋親友。「全民防災e點通」和「消防防災e點通」提供個人化防災警示及應變資訊，可隨時了解和掌握相關資訊及知識，以從容應對突發災害。

防災 e點通 → 親友協尋主題平台 → 登入/ 註冊並搜尋

非常時期給孩子攜帶
必要的東西

災害可能發生在大人不在孩子身邊的時候，所以應該幫孩子準備必要的東西。第一，為了能和家人迅速會合，幫孩子準備主要的聯絡電話及家人的照片、打公共電話的零錢，以及電話機使用方式說明等。另外，為了避免防身警報器的電池沒電，可準備哨子。

關心孩子的心理狀態

災害發生之後，要一直跟孩子說「沒事了」，給予孩子安心感。仔細聽孩子說什麼，增強親子情感也很重要。另外，盡量按照以往的生活方式，讓孩子做平時會做的事。經歷過災害的孩子可能會進行「模仿災害遊戲」，這是一種克服壓力的行為。不要阻止，在一旁觀察守護即可。

沒事了　　別擔心

監修
山村武彥
日本防災系統研究所所長。平日透過新聞頻道解說、撰寫文章、演講活動，以及擔任各企業和地方政府的顧問，積極宣導防災意識的重要。主要著作有《南三陸町屋上的圓陣》、《互助的力量～與鄰居成為好友的勇氣》（以上行政出版）。《颱風防災的新常識 在災害嚴重化時代生存的防災虎之卷》（戎光祥出版）等。

繪者
the rocket gold star
住在神戶的插畫家。從事繪本、童書的插圖、角色設計、廣告、動畫、漫畫等。主要的作品有《兩格漫畫一二拳》（出版WORKS）、《五十音著色本》（光之國）等。

知識繪本館

災難來了我有準備！
35個孩子一定要知道的防災守則

監修｜山村武彥（日本防災系統研究所所長）
繪者｜the rocket gold star　譯者｜蘇懿禎
審訂｜單信瑜（國立陽明交通大學副教授）
責任編輯｜詹嬿馨　美術設計｜李潔　行銷企劃｜王予農

天下雜誌群創創辦人｜殷允芃
董事長兼執行長｜何琦瑜
媒體暨產品事業群
總經理｜游玉雪　副總經理｜林彥傑
總編輯｜林欣靜　行銷總監｜林育菁　主編｜楊琇珊
版權主任｜何晨瑋、黃微真

出版者｜親子天下股份有限公司
地址｜台北市104建國北路一段96號4樓
電話｜（02）2509-2800　傳真｜（02）2509-2462
網址｜www.parenting.com.tw
讀者服務專線｜（02）2662-0332　週一～週五：09:00~17:30
讀者服務傳真｜（02）2662-6048　客服信箱｜parenting@cw.com.tw
法律顧問｜台英國際商務法律事務所・羅明通律師
製版印刷｜中原造像股份有限公司
總經銷｜大和圖書有限公司　電話：（02）8990-2588

出版日期｜2023年5月第一版第一次印行
2024年6月第一版第三次印行
定價｜360元　書號｜BKKKC241P
ISBN｜978-626-305-466-0（精裝）

訂購服務
親子天下Shopping｜shopping.parenting.com.tw
海外・大量訂購｜parenting@cw.com.tw
書香花園｜台北市建國北路二段6巷11號　電話（02）2506-1635
劃撥帳號｜50331356　親子天下股份有限公司

立即購買 >
有聲故事書

國家圖書館出版品預行編目資料

災難來了我有準備！：35個孩子一定要知道的防災守則/山村武彥 監修；the rocket gold star 繪；蘇懿禎 譯. -- 第一版. -- 臺北市：親子天下股份有限公司, 2023.05；56面；21.6×23.6公分.
--（知識繪本館）　國語注音
ISBN 978-626-305-466-0(精裝)
1.CST: 安全教育 2.CST: 兒童教育 3.CST: 防災教育

528.38　　112004586

Bousai
© Gakken
First published in Japan 2022 by Gakken Plus Co., Ltd., Tokyo
Traditional Chinese translation rights arranged with Gakken Plus Co., Ltd.
through Future View Technology Ltd.